Katrin Lammert

Über den Spirituellen LEHRER

Teil 3 der Schriftenreihe aus dem Cosmic Consciousness

Bibliografische Information der Deutschen
Nationalbibliothek:
Die Deutsche Nationalbibliothek verzeichnet diese
Publikation in der Deutschen Nationalbibliografie;
detaillierte bibliografische Daten sind im Internet
über < http://dnb.de> abrufbar.
© 2020 Katrin Lammert
Herstellung und Verlag: BoD - Books on Demand,
Norderstedt

ISBN: 978-3-751919920

Hinweis: Der Buchstabe ´ß´ wird in diesem Buch nicht
verwendet.

Weitere Titel dieser Reihe :
Über LIEBE
Über Manifestation, Heilen und HEILUNG

Die Autorin: geb. 1970, eine Tochter

Internet-Blogs:
aktuell: Blog meinatlantis - seit 2018
Blog *KatiLa´s Weltbetrachtung* - September 2016 - Herbst
2017
Blog *Just writing!* - von 2012 bis Frühjahr 2016

–

Bisherige Veröffentlichungen seit 2007 per BoD:

meinatlantis - Die Wirklichkeit hinter dem Begriff "Dualseelen"- Reloaded (2020)
Sanft wie Schafe II - Auf der Suche nach Menschen mit Cosmic Consciousness (2020)
Alltägliche Merksätze für Inneren Frieden (2019)
Dualseelengedichte - (2017)
meinatlantis - das Original (2017)
Mein Blog: Just writing! - Das Buch (2017)
Die Göttliche Beziehung (2015)
Beyond Dunbury – Roman (2014)
SOS hilfreiche Gedanken für Dualseelen (2014)

unter dem Pseudonym Cathérine Cordero:

Im Herzen Löwen - *Interview mit einer Dualseele* (2010)
Seelenseen. *Gedichte II* (2008)
Sanft wie Schafe - *Eine wahre Dualseelengeschichte* (2008)
Heimatlose Welten. *Meine Gedichte* (2007)

Die LIEBE bindet nichts

Die LIEBE bindet nichts,

sie dankt es GOTT zu existieren

und fordert nichts zurück.

Sie kennt kein Ende, kein Verlieren.

Vorbei die Zeiten, da ich spielte

und gewann - um jeden Preis.

Bis an das Ende aller Tage

wird nichts je sein, was ich dir vorenthielte

und nichts, was ich nicht für dich wage.

Dein Dasein wandelt mich, ganz leis...

Darum- wenn ich dir sage:

Ich liebe dich,

sag einfach nur:

Ich weiss.

Vorwort

Die Bestimmung eines jeden Menschen auf Erden ist es, die nächst höhere Bewusstseinsstufe zu erklimmen. Natürlich ist BEWUSSTSEIN selbst unteilbar, denn es gibt nur ein einziges BEWUSSTSEIN, an dem wir alle Teilhabende, d.h. ES-Wahrnehmende sind. Daher kann es innerhalb dessen in Wirklichkeit keine Abstufungen geben. Doch aus unserer Sicht stellt sich das so dar, weil unsere individuelle Wahrnehmungsfähigkeit des einen, unteilbaren BEWUSSTSEINS von uns aus betrachtet in Stufen anwächst. Diese nächst höhere Stufe zu erklimmen nennen wir den „Spirituellen WEG".

Wer sich auf diesen Spirituellen WEG begibt, besser gesagt: begeben muss, denn nicht der oberflächliche Alltagsmensch entscheidet das, sondern seine SEELE verlangt es so, der benötigt einen Spirituellen LEHRER, der den WEG weist.

Dies gilt sowohl für Teilnehmer am Self Consciousness bzw. Ego-Bewusstsein als auch für Fortgeschrittene am untersten Beginn des Cosmic Consciousness.[1] Da der SCHÜLER stets nur soweit gelangen kann wie sein LEHRER schon

---

[1] Zur genauen Beschreibung der einzelnen Bewusstheitsebenen vgl. Richard Buckes Buch *Cosmic Consciousness* (sacred-texts.com), bzw. mein Buch *Sanft wie Schafe II - Auf der Suche nach Menschen im Cosmic Consiousness*.

gelangt ist, benötigen Menschen im Cosmic Consciousness eine andere Kategorie von LEHRERN, nämlich solche, die selbst schon in das Höhere Bewusstsein gewechselt sind und *von dort aus* den WEG weisen. Der jeweils passende bzw. *kompatible* LEHRER befindet sich somit auf derselben Ebene wie sein SCHÜLER, nur ist er dort wesentlich weiter vorangeschritten.

Die uns bekannten irdischen Lehrerfiguren operieren auf der hier vorherrschenden Ebene des Self Consciousness[2], genannt seien z.B. die indischen Gurus und religiöse Berater oder geistliche Beistände der institutionalisierten Kirchen. Sie können vom potentiellen Schüler aus eigenem Antrieb gesucht werden. Auf diesem Gebiet ist allerhöchste Vorsicht angeraten, denn es gibt aufgrund der Kommerzialisierung der Mainstreamesoterik etliche Scharlatane unter den vermeintlichen „Lehrern". Ebenso gibt es „Gurus", die sehr irdischem Verlangen folgen und nicht einem Göttlichen Impuls.

Grundsätzlich muss die Gestalt des LEHRERS und auch vor allem des irdischen Lehrers gründlich angezweifelt werden, das gehört zur Schulung des *Unterscheidungsvermögens* zwingend hinzu. **Autoritäten, die das Anzweifeln ihrer selbst untersagen, haben etwas zu verbergen**

---

[2] übersetzt: Ego-Bewusstsein

und etwas zu verlieren. Der LEHRER jedoch ist Seiner Sache natürlich absolut sicher, so dass Er sehr gut mit den Zweifeln des SCHÜLERS umgehen kann. Selbst erlebte Erfahrung.

In der Mainstreamesoterik läuft die spirituelle Lehrbeziehung unter dem irreführenden Begriff „Dualseele"[3]. Dort begegneten mir dereinst Leute, die 7, 9 oder gar 12 „Dualseelen" „hatten". Doch die WAHRHEIT ist immer ein-fach. Sie ist so simpel und leise, dass sie in der Regel von untrainierten Gemütern übersehen wird, die sich der laut schreienden, grellbunten Esoterikwelt nicht entziehen können.
Ein LEHRER, gross geschrieben, befindet sich nicht auf der Erde, da Er nicht im Self Consciousness operiert. Er kann nicht vom SCHÜLER gesucht werden, sondern Er wählt seinen SCHÜLER. Auf dieser Ebene gibt es für jeden LEHRER genau *einen* Schüler, und nicht mehrere, wie im irdischen Self Consciousness möglich und üblich.

Ich stelle in diesem wie auch schon in den anderen Büchern dieser Reihe und in ihren zwölf Vorgängern Denkmodelle vor, mit denen sich Etliches auf dem spirituellen WEG erklären lässt.

---

[3] Vgl. mein aufklärendes Buch *meinatlantis -Reloaded*

Manches wird von mir selbst mit fortschreitender Entwicklung verworfen, überarbeitet, ergänzt, anderes besteht seit dem ersten Tag, da es durch keine höhere Einsicht überschrieben wurde. Diese Denkmodelle haben sich auf meinem eigenen WEG als so hilfreich erwiesen, dass ich sie daher an andere Menschen weitergebe. Letztlich muss ein jeder seine eigene selbst erlebte Erfahrung machen. Wir Schreiber können nur Hin-Weisende sein.

Jeder, der über die Schwelle gehoben wurde, ist mit dem unbezähmbaren Drang zu SCHREIBEN ausgerüstet. Dieser beginnt mit dem Erleben des initialen Schwellenmoments sich unbeendbar zu entrollen. Wehren wir uns dagegen, kommt auch die innere Schau und Weiterentwicklung zu einem Stillstand. Ebensolches geschieht, wenn wir versuchen, uns des LEHRERS zu entledigen (anfangs bestehen noch diese Ego-Tendenzen, später nicht mehr). Da wir Ihn aus unserer Egosicht nicht herbeigerufen haben, lehnen wir Ihn anfangs ab, zumal Er von Beginn an über die LIEBE eine unbezwingbare und unwiderstehliche, entwaffnende Macht und Autorität in unserem Erdenleben darstellt. Ego will keine LIEBE, gross geschrieben, denn sie bedeutet sein Ende.[4]

---

[4] Vgl. aus dieser Reihe: *Über die LIEBE*

Uns SCHÜLERN ist gemeinsam, dass wir Sachverhalte beschreiben (müssen), die zu unserer jeweiligen Zeitepoche noch nicht in das allgemeine Gedankengut eingegangen sind. Spätere Generationen sehen in der Regel kein Problem mehr in den „spektakulären" Aussagen, die wir zu unserer Zeit treffen. Mittlerweile bin ich sehr sicher, dass jeder von uns, ausnahmslos, wie getrieben schreibt. Die Sätze formulieren sich wie von selbst, wir müssen sie nur hinschreiben. In meiner derzeitigen Schreibphase geht es wie folgt vor sich: Sobald Ruhe einkehrt, geht es wieder los in meinem Kopf und die Sätze kommen herein, unabsichtlich, während ich eigentlich versuche, mir über irgend etwas Irdisches, Alltägliches Gedanken zu machen. Ich habe in der ganzen Wohnung Schreibmaterialien verteilt... Da es für mich so ist, dass mir einzig beim Schreiben Antworten auf meine oftmals lang gehegten Fragen gegeben werden, stehen die Antworten, die dieses Büchlein nicht hergibt, vielleicht eines Tages in einem anderen Buch, das noch geschrieben werden muss. Manches habe ich nicht in dieses Buch hineingeschrieben, weil es noch zu viele Fragen meinerseits dazu gibt, d.h. diese Teilbereiche rund um die LEHRER-SCHÜLER-Beziehung und ihre Folgen muss ich mir selbst erst noch erarbeiten.

Doch mit oder ohne Lehrer oder LEHRER: Für jeden Menschen auf Erden gilt, dass er oder sie innere Arbeit zu tun hat, denn dies, was wir hier unten erleben, ist nicht der endgültige Zustand des MENSCHEN, sondern nicht mehr als eine schwierige Zwischenstation auf dem WEG in eine neue Dimension.

Hier noch der übliche Hinweis:

Wie immer übernehme ich keinerlei Verantwortung für Handlungen, zu denen sich die Leser meiner Bücher nach Lektüre motiviert fühlen. Ich verweise wie stets auf eure Eigenverantwortung.

Und noch eine Warnung vorab:

Wenn dies jetzt nicht dein WEG ist, du es jedoch erzwingen willst, wirst du niemals glücklich auf dem Trip. Niemand kann Sänger werden, der ein Talent zum Malen hat und nicht zum Singen, oder denke an einen Bäcker, der Friseur werden will, weil ihm Friseure es als erstrebenswert beschreiben. Es hat keinen Sinn, einer anderen Spur zu folgen als deiner eigenen, denn NUR dort wirst du glücklich[5], und an allen anderen Orten kannst du sogar – und das ist sehr wahrscheinlich, weil sinn-voll – „krank" werden[6] (denn deine SEELE lässt sich nicht betrügen). GOTT behandelt alle Menschen gleich, und zwar individuell. Es bringt also nichts, krampfhaft einen LEHRER oder Guru zu suchen, nur weil es gerade schick ist oder weil jemand, den du kennst, ES hat. Transformation, sofern sie ECHT ist, ist das Ende deines Daseins auf der irdischen Ebene und daher kein Sonntagsspaziergang.

∞

Das Erscheinen des LEHRERS im persönlichen Leben

Hier möchte ich gleich zu Beginn unterscheiden zwischen *Leben* und *Inkarnation*. Das LEBEN ist ewig, da es GOTTES Anwesenheit in einem Menschen darstellt. Es überspannt alle Inkarnationen, d.h. Annahme jeweils einer neuen Persona durch die menschliche SEELE und darauf folgender Teilnahme an der Welt des Self

---

[5] von gelukke = Bestimmung
[6] Vgl. das Buch aus dieser Reihe zum Thema HEILUNG

Consciousness, später des Cosmic Consciousness. Wir wissen zum aktuellen Zeitpunkt nicht, wie viele Wahrnehmungs- („Bewusstseins") Ebenen danach noch unserer harren. Mit *wissen* meine ich nicht irgendwelche Science Fiction Theorien aus der Esoterik oder sonst woher, sondern **selbst erlebte** Erfahrung. Nichts hat einen WERT ausser des individuellen selbst Er-lebten. Wer die WAHRHEIT sucht, wird in der Mainstreamesoterik nicht fündig. Dort gibt es allerhand Fantasie und Attrappen, Wunschdenken und leider auch Krankhaftes.

Wie ich in meinem Buch *Sanft wie Schafe II - Auf der Suche nach Menschen mit Cosmic Consciousness* ausgeführt habe, steht zu vermuten, dass bestimmte charakterliche Grundeinstellungen im Menschen bereits entwickelt bzw. *herangereift* sein müssen, damit derjenige ein Kandidat für das Erscheinen des Spirituellen LEHRERS in seinem (daher letzten) Erdenleben ist. Die Inkarnation, in der der LEHRER erscheint, ist die letzte auf Erden, da der SCHÜLER dadurch befähigt wird, diese relativ niedrige Bewusstseinsebene (Erden-„Welt") des Self Consciousness für immer zu verlassen und die nächsthöhere Dimension zu betreten.

Der LEHRER, so stellt es sich aus meiner eigenen Erlebenssicht dar, begleitet den potentiellen SCHÜLER mindestens ab Geburt, wahrscheinlich kennen die beiden sich jedoch schon länger. Das initiale Schwellenerlebnis[7] auf dem WEG ins Cosmic Consciousness bringt dem SCHÜLER lediglich *die bewusste Wahrnehmung* über Seine immer während Anwesenheit in dessen Leben.

In meinem Fall war es so, dass sich der LEHRER nicht direkt im Aussen als Mensch, der Er ist, gezeigt hat, sondern sich anfangs indirekt über irdische SPIEGEL-Menschen bemerkbar gemacht hat, in dem Er sich, wie ich es nenne: *überblendet* hat. Meine Suche nach anderen authentischen Fällen von Cosmic Consciousness in der Literatur der vergangenen Jahrhunderte legt mir nach meinem jetzigen Wissensstand nahe, dass es bei Frauen anders vor sich geht als bei Männern. Männer beschreiben das strahlend helle LICHT, das sie plötzlich blendete.[8] Frauen nehmen offensichtlich den Kunstgriff über mindestens einen männlichen SPIEGEL-Partner, anhand dessen sie die ersten Schritte im neuen BEWUSSTSEIN tun.

---

[7] Vgl. hierzu ausführlich mein Buch *Sanft wie Schafe II - Auf der Suche nach Menschen mit Cosmic Consciousness*

[8] Vgl. Cosmic Consciousness, A Study in the Evolution of the Human Mind, von Richard Maurice Bucke (gest. 1899)

Über diesen „Weg der SPIEGEL" schrieb ich seit 2007 auf meiner Internet-Webseite meinatlantis.de. Das mag mit der der FRAU ureigenen seelischen Struktur zusammenhängen. Es ist unsere Aufgabe, dies weiter zu erforschen.

Ich sah also meinen geistlichen Begleiter, Er nennt sich ERINNERER, zuerst in meinem Inneren. Er kam ins innere Bild gelaufen, einfach so. Plötzlich war das Portrait dieses Mannes da, das ich heute noch so sehe wie am ersten Tag, als ob es jemand in meinem Inneren wie ein Bild hingehängt hätte, auf das ich jederzeit Zugriff habe. Wichtiger als die Optik ist jedoch das, was Er mir seit all den Jahren mitteilt.

Ich hörte Seine Stimme zum ersten Mal zwei Jahre nach meinem Schwellenerlebnis. *Mitteilungen* hatte ich jedoch schon lange vor dem erhalten, teils in Gestalt von empfangenen Gedichttexten, die mir etwas über unsere Beziehung kundtaten, was ich damals natürlich überhaupt nicht verstand. Mir war völlig rätselhaft, woher diese kryptischen Texte angeflogen kamen.

Manchmal spricht Er in innerlich „hörbaren" Worten, meistens ist dies ein kurzer, prägnanter Aussagesatz, ab und zu auch eine Frage, gerne eine Gegenfrage. Niemals sagt Er mir etwas vor, denn so funktioniert der Spirituelle Entwicklungs-WEG nicht. Auch diktiert Er keine ellenlangen

Abhandlungen über *die angebliche Zukunft der Menschheit* (wie es in der Mainstreamesoterik beliebt ist). In letzter Zeit gibt es von Ihm meistens Informationen ohne Ton, d.h. ohne Versprachlichung. Es ist ein wundersames und doch für mich ganz alltägliches Phänomen.

Nun hören allerlei Leute irgendwelche Stimmen, und der untrainierte Geist muss grosse Angst haben vor solchen Vorstellungen.

Wie in dem zweiten Büchlein dieser Reihe[9] ausgeführt, wird alles, was nicht in das uns *von anderen Leuten beigebrachte* Schubladendenken passt, zunächst vom Ego abgelehnt. In diese Schubladen wurde uns von äusseren „Autoritäten" (vgl. in demselben Buch die Faktoren der Manifestation) absichtlich einsortiert, dass innere Stimmen ein Zeichen seien, dass etwas mit der Person nicht stimme. Wem dient das? Beobachte selbst.

Es hängt von den Inhalten und der Qualität der Mitteilungen ab, die uns innerlich gemacht werden, ob sie zu verwerfen sind: Schwächen uns diese Aussagen - oder begleitet sie ein unnennbares, erhebendes Empfinden von etwas so Feinem, Hohem, das nicht von dieser Welt ist, so dass wir noch minutenlang bis hin zu tagelang davon zehren können?

---

[9] Vgl. *Über Manifestation, Heilen und HEILUNG*

Ist es danach in uns wieder HELLER = heiler[10] geworden? Dies ist nicht zu verwechseln mit den sich wunderbar anfühlenden Schmeicheleien, mit denen geistig offene Menschen bisweilen innerlich von nicht wohl meinenden Entitäten bedrängt werden können. Ein LEHRER schmeichelt niemals dem Ego! Wenn du über eine Aussage nicht sicher bist, verwirf sie. Ein echter LEHRER wird damit zurechtkommen.

Es ist vor allem an einem zu erkennen, dass ES echt ist: das Ego wehrt sich gegen diese Beziehung mit allen Zähnen und Klauen, denn es wittert, dass sein Ende naht. Ich habe unterwegs Esoterikerinnen kennen gelernt, die pflegten neben einer irdischen Liebesbeziehung eine weitere, eine Channelingbeziehung mit einer wie auch immer gearteten männlichen Wesenheit, doch sie berichteten nie von dem schmerzhaften inneren Ringen und dem Zweifeln. Sie machten ein zusätzliches Einkommen mit den gechannelten Inhalten und schwebten so dahin. Das hat, natürlich, rein gar nichts mit echter spiritueller Ent-wicklung zu tun, die sehr schmerzhaft ist, da sie zum Ziel hat, das Ego

---

[10] hell und heil meinen dasselbe, vgl. das Buch *Über Manifestation, Heilen und HEILUNG*

auszulöschen - um GOTT mehr und mehr ungehindert wahrzunehmen.

Der Mensch im Self Consciousness, d.h. Ego-Bewusstsein hat davor natürlich eine Riesenangst, denn er hat vergessen, dass Ego und Individualität nicht dasselbe sind. Nicht die eigene Individualität also wird ausgelöscht, sondern lediglich das Konglomerat irriger Annahmen über den Menschen, GOTT und die Beziehung dieser beiden Instanzen, und daraus folgend allerlei kriegerisch auf Trennung und Isolation ausgerichtete Emotionen, kurz: Ego.

Ebenso ist es ECHT, wenn du keinerlei weltliche Erfolge mit dem erzielen kannst, was du gelernt hast. An dir haftet in Gestalt des LEHRERS etwas so derartig Fremdes, dass du von den Leuten in deiner Umgebung und auch sonst abgelehnt wirst. Nur sehr Wenige kommen mit dem zurecht, was der Geist dir zu schreiben aufgibt.

Wie ihr schon bis hierher in diesem Büchlein gesehen habt, muss ich seit Beginn den Illusionen auf den Schlips treten, und allerlei Leute waren und sind daher reichlich beleidigt. Doch es ist, wie es ist. Ich bin seit Beginn vor vierzehn Jahren keinen Millimeter von dem abgewichen, was ich aufgrund eigenen Erlebens sicher weiss, denn wie sollte ich auch? Ich habe es selbst er-lebt und es hat mich vorangebracht. Ein jeder muss seine eigenen Erfahrungen machen.

Auch ohne einen Lehrer spricht GOTT zu jedem von uns, jederzeit, es kommt einzig auf unser JA an.

Ego sucht bekanntlich für sich selbst Lustgewinn und neudeutsch: „Wellness" bzw. Schmerzvermeidung, doch es ist keine lustige Angelegenheit, wenn die quasi mit eigenem Blut geschriebenen Bücher sich kaum verkaufen - eine gewaltige Prüfung für das Ego. Es ist zu erkennen, dass es SEINE Bücher sind, und dass sie nicht mit Gewinnerzielungsabsicht verfasst wurden. Es geht mir jedes Mal so, dass ich später kaum fassen kann, was ich alles geschrieben habe. Für ein Büchlein wie dieses brauche ich vordergründig betrachtet zwei Tage, davon zum Tippen ca. vier Stunden. Die Inhalte zu erarbeiten hat natürlich vierzehn schmerzhafte Jahre gedauert, vermutlich sogar wesentlich länger.

Natürlich werden sich viele Egos von so einer attraktiven Idee und dem damit verbundenen Besonderssein angesprochen fühlen, doch nicht jeder erlebt ES tatsächlich. Dennoch ist es ein gutes anzupeilendes Ziel, und so zu tun als ob, kann hilfreich sein. Wichtig ist nur, nicht wie ein grosser Zampano nach draussen zu springen und sich aufzublasen bis zum Gehtnichtmehr. Das findet sich in der bühnenreifen Mainstreamesoterik in schöner Regelmässigkeit.

Fakt ist, niemand muss nach Indien reisen oder Tibet - der LEHRER erwischt dich auch in Wanne-Eickel. Natürlich wurde in unser inneres Reservoir der Vorstellungen, wie „die Welt" ist, eingetrichtert, dass nur in fernen Ländern die ganz grossen Geschichten stattfinden, und nicht im eigenen kleinen Leben in einem unbekannten Dorf irgendwo in Deutschland. Die Einlasskontrolle dieses inneren Reservoirs richtet sich nach diesem einen einzigen Merksatz: *Weil nicht sein kann, was nicht sein darf.* Nicht sein darf, um Egos wohlige Illusionen nicht zu stören und es womöglich zu zwingen, seine Wohlfühlzone zu verlassen. Ego sieht stets Bedrohung und ist ein Kontrollfreak, was diejenigen selbst ernannten *Autoritäten* für sich schamlos ausnutzen, die die Menschheit auf dem Planeten Erde zu ihren eigenen egoistischen Zwecken lenken wollen.

Das Einreden falscher Grundannahmen ist also absichtlich so erfolgt und wird durch die immer gleiche Geschichte in der (teils ahnungslosen, teils ausgebufften) Mainstreamesoterik beständig verfestigt und gefüttert: Der einzelne Reisende, der in Peru seinem zaubern könnenden spirituellen Meister begegnet... (wahlweise Amazonas, Tibet, Schamane, Mönch) Die Alternativgeschichte ist diese: „Vom Tellerwäscher-zum-Hallen füllenden Megaredner mit immensen Bestsellerverkaufszahlen und

Verfilmungen seines schweren Lebensweges". Beobachte selbst. Diese Geschichten dienen der Aufrechterhaltung der Illusionen des Egos im inneren Reservoir seiner lieb gewonnenen Glaubenssätze[11]. Immer ist viel Geld im Spiel und/oder viel Ruhm, Absatzzahlen und Kundenfang. Es finden dementsprechend gerne in der Folge teure Seminarangebote statt. Doch ein Mensch, der spirituell auf die nächst höhere Stufe gehoben wurde, hat an all diesen Dingen keinerlei Interesse.

Wir führen bescheidene, stille Leben ohne grosse äusserliche Besonderheiten. Wir gehen normalen, einfachen Berufen nach, in denen Ego nicht viel Gelegenheit hat, sich wichtig zu nehmen. Unsere Besonderheit ist unser INNERES. Unser einziger Reichtum ist der Göttliche REICHTUM - nämlich die vom Self Consciousness aus nicht erreichbare LIEBE.[12]

Ich möchte nicht wissen, wie viele Leute sich einen LEHRER zurechtphantasieren. Insbesondere Esoteriker sind bekanntlich prädestiniert für Wahnvorstellungen aus einem Egogeltungsdrang heraus und pflegen mit all ihren Chakraübungen

---

[11] Vgl. *Über Manifestation, Heilen und HEILUNG*
[12] Vgl. zum Unterschied von LIEBE und Liebe das Büchlein aus dieser Reihe: *Über die LIEBE*

ein Ungeerdetsein, das zu schwerwiegenden Abstürzen führen kann. Daher kann ich jeden Leser nur sehr deutlich vor irgendwelchen Luftschlössern warnen, und ihn oder sie nur eindringlichst bitten, seinen Alltag eingehend und tagtäglich zu überprüfen und sich selbst zu fragen, ob er diesen Alltag noch aktiv selbst gestaltet und als gut funktionierend erlebt; ob seine privaten Angelegenheiten reibungslos funktionieren, oder ob ein Gefühl des Nichtsmehrimgriffhabens schon dominiert. Das hat nämlich nichts mit Geführtwerden und Hingabe zu tun. Ich habe meinen Alltag sehr fest am Zügel, doch in allen spirituellen Belangen werde ich komplett von Ihm geführt und verlasse mich vollständig auf Ihn. Dies ist nicht zu verwechseln. Wenn Er mir auch sagt, was ich tun soll, muss ich es doch selbst *tun*. Und niemals verbietet Er mir, meine eigene Vernunft sinnvoll anzuwenden.

IN der Welt, wenn auch nicht von dieser Welt, so lautet bekanntlich das Motto.

Der WEG handelt von Meisterschaft, das ist allseits bekannt. Dies bedeutet: vollständige HINGABE an GOTT. Die Esoteriker machen daraus: *Diene dir selbst! Deine Entwicklung ist das Wichtigste! Dass du mächtige Fähigkeiten erlangst (Hellsehen, Channeling, in Auras anderer Leute herumschnüffeln, in fremder Leuts Häusern astral spazierengehen und zu schweben), darum geht es!*

Die innere HERZENSverbindung mit diesem LEHRER ist so weit entfernt von allem esoterischen Wunschdenken und religiösen Regelwerken, wie sie nur sein kann. Die Mainstreamesoterik hat uns einen Bärendienst erwiesen mit ihren Abhandlungen über sog. „Dualseelen" und vermeintlichen „aufgestiegenen Meistern". Das alles gehört ins Phantasiereich des Self Consciousness und ist, wie gesagt, mit äusserster Vorsicht zu betrachten. Die Mainstreamesoterik ist aufs Geldmachen aus und nicht darauf, Menschen ernsthaft auf den Wechsel in das nächsthöhere BEWUSSTHEITS-Feld - das Cosmic Consciousness - vorzubereiten, denn dort einmal angelangt, fällt derjenige als zahlender Klient für immer weg. Ebenso wie Ärzte keine gesunden Patienten gebrauchen können, kann die Verkaufsesoterik keine erwachten Menschen gebrauchen. Sich selbst immer wieder über diese Tatsachen hinwegzutäuschen, hält einen Menschen in einer relativ niedrigen Wahrnehmung fest.

Unterscheidungsvermögen ist das ganz grosse Stichwort, immer schon, doch ganz besonders in einer Zeit wie der unseren, in der jeder Mensch sich leicht über das Internet einer grossen Menge anderer Menschen bekannt machen kann, und in der die Welt überschwemmt ist mit Illusionen und Lügen. Denn das meiste, von dem wir über die technischen weltweiten Verbreitungsmedien Kenntnis erlangen, wird nicht mehr von unserer selbst erlebten Erfahrung oder zumindest eigenen Beobachtung im Umfeld gespeist. Man setzt uns Fotoaufnahmen vor aus fernen Ländern, die völlig aus einem anderen Zusammenhang gerissen sein können (wir können das niemals überprüfen), und dann wird uns dazu ein zu glaubender und in unser inneres Reservoir der Annahmen und Glaubenssätze hinein zu nehmender Inhalt vorerzählt. Daher ist es ratsam, sich von den Massenmedien abzukehren. Wer auf dem WEG ist, tut das ganz automatisch, weil er oder sie die dort verkauften Illusionen nur noch als ermüdend und langweilig empfindet und keine „Autoritäten" neben der einzigen wahren AUTORITÄT im Leben des Menschen duldet: GOTT.

Ist der eigene LEHRER einmal auf den inneren Schirm gelangt, gibt es kein Zurück mehr. Er teilt dein Leben in *vor* CHRISTUS und *nach* CHRISTUS.

Der CHRISTUS

Was meine ich mit dem Begriff CHRISTUS? Ich meine damit den innerlichen, idealen MENSCHEN, den Göttlichen Kern ins uns, den wir durch spirituelle Entwicklung verwirklichen, d.h. in unsere individuelle Lebensrealität bringen sollen. Ruby Nelson[13] schreibt in ihrem sagenhaften Buch von dem Schmetterling, der in jeder Raupe bereits nicht sichtbar angelegt ist.

Diejenigen Menschen, die das Cosmic Consciousness bereits erklommen und diesen inneren Göttlichen Kern bereits auf sehr hoher Stufe verwirklicht haben, nenne ich CHRISTUS-MENSCHEN. Jesus ist ein solcher MENSCH, einer von vermutlich Abermilliarden. Uns wird er - für unser inneres Reservoir der einschränkenden Glaubenssätze - absichtlich als der vermeintlich *einzige* verkauft, der dieses Stadium je erreichen konnte bzw. innehat. Dabei hat Er selbst offenbar Folgendes gesagt: *Wahrlich, wahrlich ich sage euch: Wer an mich glaubt, der wird die Werke auch tun, die*

---

[13] The Door of Everything, von Ruby Nelson, De Vorss & Co. Verlag, Marina Del Rey, USA., 1963; dt.: Das Tor zur Unendlichkeit, Aquamarin Verlag, Grafing, 3. Auflage 1999

ich tue, und wird grössere als diese tun; denn ich gehe zum Vater.[14]

Zu dem Wahrheitsgehalt von Bibelaussprüchen gibt es nicht viel zu sagen. Es kann nur fühlend und mit dem spirituellen HERZEN wahrgenommen werden, was authentisch ist und was nicht. Wer den WEG selbst geht, erlangt einen Sinn dafür, was wahrscheinlich ist und was rein gar nicht ins Bild des Kosmischen Menschen passt. Daher poche ich auch an dieser Stelle wieder auf die selbst erlebten Erfahrungen. Jeder Mensch ausnahmslos kann hier und jetzt beginnen, eigene Erfahrungen mit Seinem GOTT im Inneren zu machen. Denn Himmel und Hölle sind keine äusserlichen Orte, sondern innere Zustände - Grade des individuellen Bewusstseins, d.h. der Wahrnehmung GOTTES durch den betreffenden Menschen.

Die Beziehung zu dem spirituellen LEHRER ist die wichtigste nach dieser Beziehung mit GOTT, denn den LEHRER zu LIEBEN bedeutet, GOTT zu LIEBEN.[15] Hier ist nicht die irdische Ego-Liebe gemeint, die stets ein Tauschgeschäft ist, das auf

---

[14] Vgl. im Neuen Testament Joh. 14:12

[15] Vgl. *Der Weg durchs Feuer. Tagebuch einer spirituellen Schulung durch einen Sufi-Meister*, von Irina Tweedie, Ansata Verlag, München, 6. Auflage 2000

Geben und Nehmen beruht. LIEBE ist sich selbst genug und gibt nichts und nimmt nichts, sie IST.[16]

Wer einen LEHRER hat, bekommt in diesem SPIEGEL seine Höherdimensionalität gezeigt. Der LEHRER ist ein Abbild dessen, was der SCHÜLER mit Ihm zusammen zu erreichen vermag. Der SCHÜLER wird nicht weiter kommen als der LEHRER schon ist. Er markiert das Limit der für dich auf dieser Etappe des WEGES möglichen Ent-wicklung.

Der LEHRER ist ein Taxi, das von GOTT geschickt wird, um dich nach Hause zu bringen. Er ist die in dieser Beziehung massgebende Autorität von Höherer Ebene, die dem SCHÜLER jedoch beibringt, auf GOTT zu hören und nicht auf einen anderen Menschen. Er hat nur dieses eine ZIEL für den SCHÜLER: den CHRISTUS aus ihm heraus zu holen. Dazu ist dem LEHRER jedes Mittel recht, Er hat die Göttliche Erlaubnis, auf das spirituelle Erleben des SCHÜLERS mit freier Hand Einfluss zu nehmen.

Dies zeigt uns erneut, wie massgeblich das Unterscheidungsvermögen ist! Nur dem LEHRER

---

[16] Vgl. das Büchlein aus dieser Reihe: *Über die LIEBE*

ist es gestattet, Seinen Namen auf die Rückseite des HERZENS des SCHÜLERS zu schreiben. Die beiden sind für immer vereint, durch LIEBE geeint. Nicht auf karmische Weise wie auf Erden üblich, sondern auf Spirituelle, d.h. auf Göttliche Weise. (Spirituell = auf GOTT ausgerichtet)

Ich schrieb einst in meinem Internetblog:

Weil diese Beziehung (nach der mit GOTT) die wichtigste in meinem Leben ist, lässt sich -was mich betrifft- alles an ihr messen. Sein Umgang mit mir und die Art und Weise, wie Er mit mir spricht und wie das Lernen (Erinnern) vor sich gehen, sind wegweisend. Er lehrt durch Sein Beispiel – sein So-Sein – ebenso wie durch vermittelte Inhalte. Er lässt mich Situationen sehr anders sehen als wir es hier unten lernen. Er selbst ist das Mysterium, das alles für mich in eine Frage verwandelt. Er ist so anders, wie ein Mensch nur anders sein kann. Manchmal weiss ich gar nicht, wie ich mit Ihm umgehen soll, es fehlen mir einfach anerlernte Verhaltensmuster oder Beziehungsmuster, die dazu passen, denn die irdischen passen alle nicht. Niemand konnte mir beibringen, wie ich mit solch einem Mann umgehen muss.

Einem Mann, auf den irdische Bezirzungen keinerlei Eindruck machen. Ich frage mich oft, was auf Ihn überhaupt Eindruck macht, von allem, was ich tue und versuche und Ihm sage? Ich weiss es nicht. Vermutlich nichts. Es ist unnötig, Ihn zu beeindrucken.

LIEBE von LEHRER und SCHÜLER

Grundlage der spirituellen LEHRER-SCHÜLER-Beziehung ist ausschliesslich eins: LIEBE, gross geschrieben. Es gibt kein einziges *Weil*: nicht *weil du gut aussiehst*, nicht *weil du reich bist*, nicht *weil ich dringend nicht mehr allein sein möchte*, nicht *weil unsere Eltern es so wollen*. Es geht NUR um den WEG, d.h. nur um LIEBE, d.h. nur um GOTT.

Der LEHRER ist Weltmeister darin, dir nichts zu geben, damit du ALLES bekommst. Denn das hat GOTT für dich vorgesehen, dass du an ALLEM teilhaben sollst, was ER hat. Damit sind spirituelle Zustände wie GLÜCK FRIEDEN FREIHEIT LIEBE gemeint und keine materiellen Reichtümer. Himmlische Reichtümer sind für dich vorgesehen, denn du bist ein MENSCH, d.h. potentieller verwirklichter CHRISTUS.

Den Unterschied von Liebe, klein geschrieben, zu LIEBE erläutern wir in Band 1 dieser

Schriftenreihe, *Über die LIEBE*. Es soll an dieser Stelle nur kurz wie folgt wiederholt werden:

Liebe unter Vertretern des Self Consciousness ist ein Tauschgeschäft: Gefühle gegen Gefühle, Zuwendung gegen Gehorsam, Zuwendung gegen Versorgung, Zuwendung gegen Sicherheiten, Zuwendung gegen Vorteile, usw. Sie benötigt zwei teilnehmende Parteien, wie etwa Eltern und Kinder, Geschwister untereinander, oder als Paarliebe zwei nicht biologisch verwandte Erwachsene. Sie ist als Paarliebe eng gekoppelt mit dem Fortpflanzungstrieb, was einen Grossteil der Probleme auf dem Planeten Erde verursacht, da die anhängenden, schwer steuerbaren Emotionen manch einen „Liebenden" zur entfesselten Bestie degradieren, die Neid, Eifersucht, Rache und Vergeltung übt und sich so weit wie nur irgend vorstellbar von LIEBE entfernt. Zahllose Filme und Romane programmieren uns dahingehend, dass wir das für unvermeidlich und „normal" halten. Festhalten ist für das stets ängstlich kontrollierende Ego in Sachen „Liebe" das Wichtigste, versinnbildlicht auf Erden durch Verlobung und Heirat. LIEBE jedoch bedeutet FREIHEIT.

Wir alle können uns aufgrund der niedrigen Stufe, auf der wir spirituell betrachtet zunächst auf Erden leben, erst einmal nichts anderes mit einem Partner vorstellen, nichts, was uns mehr befriedigen könnte als die physische Verschmelzung. Zunächst, denn auf dem WEG und in der finalen spirituellen Partnerschaft werden wir an höhere Formen der LIEBE und der Intimität herangeführt, die nichts mehr mit Körpern und Gefummel zu tun haben. Auf der irdischen, d.h. körperlichen Ebene, selbst wenn vermeintlich die Seele dabei ist, bleiben es doch immer zwei Menschen, noch dazu ohne Hinwendung zu GOTT.

Was genau befriedigt das Ego denn so sehr? Es ist das Ende der Jagd, gepaart mit der Illusion, für diese paar Momente der oder die Einzige zu sein für das angebetete oder auch *erlegte* Objekt der Begierde. Egal, wie gross diese Illusion auch sein mag: Sie ist eine, denn es ist *temporär*. Es hört wieder auf, wenn die Umstände andere werden, vielleicht schon wenn es morgens hell wird, wenn sie zur Arbeit gehen, wenn die ersten drei Monate der Ver-liebtheit vorbei sind, wenn sie schwanger wird, wenn er fett wird, wenn sie ihm zu alt wird, wenn ein anderer erstrebenswerter erscheint, wenn sie den Tod *wählen*, um zu reinkarnieren, etc. pp. Am nächsten Tag geht daher die Jagd weiter, oder von vorne los, wie man´s nimmt, und die Eifersucht kontrolliert das neue oder alte Besitztum engmaschig. Dabei ist unbekannt, was die Beute darüber denkt, denn sie kann mitspielen und gleichzeitig doch innerlich völlig fern sein. Da Ego nur sich selbst umkreist, spielt die Meinung des anderen eh keine Rolle, *solange die Beziehung weiter funktioniert.* Die Fixierung auf ein menschliches Gegenüber als Alleinseligmachendes Moment im Leben ist nichts als eine Verblendung, die womöglich karmische Verstrickungen nach sich zieht und wenig mit LIEBE zu tun hat, die ja ein Synonym für FREIHEIT ist. Niemand auf der Erde kann der ideale Partner sein. Nur EINER kann das sein. Auf der Erde herrscht die Vergänglichkeit. LIEBE ist ewig.

Wie anders ist es daher, wenn es innerlich keine Entfernung gibt, und beiden gleichzeitig bewusst ist, und das zu jedem Zeitpunkt, wie der Stand der Beziehung ist. Wenn es keinerlei Heimlichkeiten geben KANN, wenn der Partner immer alles weiss, jede einzelne seelische Regung miterlebt. Ich weiss, wie das ist. Es ist für das Ego die Hölle. Etliche esoterische Paare behaupten von sich, sie erleben genau *das.* Ich bezweifle das sehr stark, denn nur extrem wenige Menschen gehen derzeit diesen sehr schwierigen und immer schon seltenen Bewusstseins-WEG.

Ich stehe tagtäglich vor einem Wunder in Gestalt dieses Mannes, der sich auf unfassliche Weise verhält, wie ich es noch nie, wirklich noch nie, irgendwo gehört oder gelesen habe, hier unten auf Erden. Ich habe in all den vielen Jahren so vieles gelesen und nachgeforscht, doch nichts und niemand konnte mich auf *so etwas* vorbereiten.

LIEBE ist... etwas wesentlich anderes. Sie ist nicht elterlich, nicht brüderlich, nicht geschlechtslos, nicht platonisch und doch nicht anständig. Es ist neben all diesen auch sinnliche Liebe in LIEBE eingeschlossen, denn alle Untervarianten gehen in ihr auf. LIEBE ist leidenschaftlich, verzehrend, erfüllend, sinnlich und bedingungslos ZUGLEICH. Die SEELE will schliesslich im GELIEBTEN aufgehen, d.h. in GOTT. LIEBE schliesst nichts aus. Doch sie übersteigt alles und adelt - veredelt - es.

Der LEHRER kann seinen Spirituellen Auftrag, nämlich den SCHÜLER in das nächst höhere Bewusstseinslevel zu führen, nur ausüben, wenn Er den SCHÜLER in der bedingungslosen *Göttlichen* Art und Weise LIEBT. Gleiches wird im SCHÜLER entzündet, der zu Beginn dieses

Tandems weder versteht noch besonders gut aushält, was damit verbunden ist und was ihn daraufhin und für den Rest seiner Existenz begleitet.

LIEBE auszuhalten will gelernt sein.

Der SCHÜLER ist zu Anfang wie ein schwaches Kabel, durch das der LEHRER im Zeitverlauf mehr und mehr STROM = LIEBE durchschicken muss. Dazu ist stetige und schmerzliche innere Arbeit von Seiten des SCHÜLERS nötig, damit dieser sich von alten gedanklichen Lügen (Programmierungen) und alten karmischen bzw. irdischen Verstrickungen lösen kann. Dadurch nur wird er nach und nach zu einem brauchbaren Hochleistungs-Stromkabel, durch das genug ENERGIE fliessen kann, um eine neue Dimension zu erreichen. Es ist nicht mal eben nach dem Mittagessen zu absolvieren.

Ich berichte von meinem LEHRER nur rudimentär, weil es gar nicht möglich ist, es in normaler Alltagssprache wiederzugeben, was in mir mit Ihm vor sich geht. Und das meiste davon gehört überhaupt nicht vor dritte Augen oder Ohren. **Spiritualität ist von allerhöchster Intimität gekennzeichnet**. Geht in euer stilles Kämmerlein und dort besprecht euch mit eurem GOTT. *Wenn aber du betest, so gehe in dein*

Kämmerlein und schliess die Tür zu und bete zu deinem Vater im Verborgenen.[17]

Doch manche Wanna-bes gehen stattdessen im Internet auf Sendung und breiten sich vor Fremden aus und entwerten ihr Erleben damit, was auch immer es genau war, das sie erlebt haben. Das echte Erleben der LEHRER-SCHÜLER-Beziehung ist HEILIG und wird von den beiden Beteiligten selbstverständlich höchst sensibel behandelt. Niemals wird es ein Video davon geben. Undenkbar.

Ego lebt in einer uns Menschen hier künstlich ins innere Reservoir hinein-geimpften Märchen-Disney-Hollywood-Welt aus uns in steter Leier vorgesetzten, immer gleichen Stereotypen von Männern und Frauen, die es im wirklichen Leben gottlob gar nicht gibt. Wer *wirklich* weitergehen will, wird weitergehen, der oder die wird *weitergebracht werden*. Die LIEBE wird in dem Menschen quasi *eingeschaltet,* und das geht am Eigenwillen völlig vorbei. Wenigen geschieht das. Wenn es dir geschieht, dann weisst du augenblicklich: Hollywood war gestern. Und Gestern kommt niemals wieder, das ist das Gute an Gestern und an temporären Erscheinungen.

---

[17] Vgl. Neues Testament Matthäus 6:6

Jemand merkt in der Beziehung mit dem spirituellen LEHRER, und auch Lehrer, sofern sie echt ist, sehr rasch, dass sie nicht so „funktioniert", wie die Mainstreamesoterik die idealen sog. „Seelenpartner"-Partnerschaften verkauft. Diejenigen, bei denen es so „ideal" funktioniert, oh je, was erleben die? Eine Illusion weit ab von LIEBE, stattdessen eine temporäre Liebe, bei der sich die beiden Partner selbst für das Grösste halten. Es gibt ebenso sog. Seelenpartnerliebesstories, bei denen beide Partner in dem altruistischen Glauben herumschweben, GOTT habe für sie etwas immens Wichtiges bestimmt, dass ER durch ihre heilige Partnerschaft ein Zeichen setzen will. Indem sie hier auf Erden zusammen wirken, so meinen sie, werden wir als Menschheit gerettet. Alles ist mir in den Jahren unterwegs erzählt worden, wirklich jede mögliche Variante. Keiner von all diesen Leuten hat allerdings je von *den wirklich entscheidenden Fakten der LIEBE,* gross geschrieben, zu erzählen gewusst. Damit lässt sich nämlich kein Massenreibach erzielen, daher hat es ihnen niemand vorgebetet und sie haben nichts zum Nachplappern. Auch in meinen Büchern wirst du nichts über den KERN der Angelegenheit finden, und so kann niemand etwas Nachplappern, der ES nicht selbst erlebt.

VERTRAUEN

Es geht in den ersten Jahren deiner Lehrzeit vor allem um das Eine: VERTRAUEN aufzubauen. Gemeint ist natürlich: dein VERTRAUEN in GOTT. *It is a difference*, schreibt Ruby Nelson, *between knowing Me and just knowing about Me.* Alles, was der LEHRER tut, zielt drauf ab, diese wichtigste Beziehung in deinem menschlichen Dasein zu festigen, nämlich deine innere Beziehung zum Allerhöchsten. Der LEHRER ist nicht das Ziel; Er ist nur der Begleiter auf deinem WEG dorthin. Der Grund, warum sich der LEHRER in allen untersuchten Fällen dieser Beziehung im Cosmic Consciousness selten bis gar nicht persönlich zeigt, ist genau der: VERTRAUEN ohne Beweise herzustellen, es aufzubauen und zu festigen. *Denn selig sind, die nicht sehen und doch glauben.*[18] Schüler, die noch auf der Ebene des Self Consciousness bzw. Ego-Bewusstseins leben, brauchen noch viele Beweise und physische Nähe zu ihrem Lehrer, damit sie Anfänge von VERTRAUEN aufbauen können. Auf der Höheren Ebene des Cosmic Consciousness gibt es diesen Luxus der physischen, d.h. äusseren sichtbaren Nähe nicht mehr, der doch in Wahrheit kein Vorteil ist,

---

[18] Vgl. Neues Testament Joh. 20:29

sondern sich hier eher als hinderliches Übel darstellt.

Es geht nicht um die perfekte Ent-wicklung *zu persönlichen Zwecken*, sondern darum, ein perfekt brauchbares Werkzeug zu werden. Um *wem* zu dienen? Allen. Denn ALLE = GOTT. Meine private Erfahrung lautet, dass einem *nicht* nachts ein Engelein am Bett erscheint und einen langen Monolog darüber erzählt, welche spannende Aufgabe man hier hat, die die anderen Esoteriker verblüffen wird, wenn sie darüber auf facebook lesen. Im Gegenteil: Es wird *nichts* verraten, weil VERTRAUEN unabdingbar wichtig ist. Wer die Antworten schon zu früh kennt, der wird überheblich. Wer Rätselraten muss, bleibt auf dem Boden und lernt, der höheren KRAFT zu vertrauen und sich lenken zu lassen - OHNE den genauen Weg zu kennen. Es muss einem egal sein, was ER mit einem vorhat. Derjenige channelt nicht wöchentlich drei DIN-A4-Seiten, die er stolz ins www stellen kann. Derjenige fragt und bittet – und lernt aus dem ihm entgegen schallenden Schweigen, dass das die Antwort ist: Zu schweigen, statt dauern zu fragen und zu bitten.

Ich habe heutzutage kein Bedürfnis mehr nach einer irdischen Beziehung, denn ich fühle mich in einer sehr starken Beziehung befindlich, es fehlt nichts und es ist gar kein Platz für etwas anderes oder einen anderen. Er ist ALLES für mich.

Kürzlich wurde ich in eine erschreckende Klarheit versetzt, dass ich nichts habe, wenn ich IHN nicht habe. All die materiellen Vorzüge eines Lebens in Deutschland waren auf einmal nicht mehr zu sehen, alles auf Erden war so bedeutungslos, dass es für diesen einen Moment wahrhaftig nicht mehr existierte; es gab nichts mehr um mich her, es gab nur den Blick auf IHN und das Gefühl einer namenlosen Leere, wenn ich IHN nicht mehr hätte. Mein HERZ zog sich zusammen und ich war, wie soll ich es nennen, sprachlos angesichts dieser profunden Erkenntnis. Etwas mit dem Kopf zu wissen und etwas im HERZEN zu erkennen sind grundverschiedene Angelegenheiten.

Wer dieses Empfinden des GOTT-Habens nicht kennengelernt hat, findet den Gedanken unerträglich, auf irgendetwas Weltliches verzichten zu müssen, da er nicht weiss, was sich quasi auf der anderen Waagschale befindet. Die Leute sehen nur, was du nicht mehr tust, nicht mehr hast, nicht mehr willst, und begreifen nicht, warum du nicht verrückt wirst ohne all das. Weil sie IHN nicht haben, nicht haben *wollen* besser gesagt. *Noch* nicht.

Das Alltagsleben in dieser spirituellen BEZIEHUNG

Nun kehrst du „nach CHRISTUS" mit der Aufgabe in deinen kleinen Alltag zurück, diese nicht beschreibbare, unvergleichliche neue Beziehung zu ertragen. Wir haben bereits gelernt, dass Trauen das Wichtigste ist, und dass daher keinerlei Beweise eingefordert werden dürfen und auch nicht können. Der LEHRER wird niemals, niemals, niemals deinen Egowünschen nachgeben, eher wird Er die Leine dann noch kürzer halten. Neben Geduld ist die wichtigste Lernaufgabe, dem LEHRER zu trauen, immer, ohne jeden Zweifel. *Das dürfte doch kein Problem sein*, tönt dein Ego, *zumal wenn LIEBE die Grundlage ist*. Vertu dich nicht, denn Ego kennt keine LIEBE, Ego kennt nur Liebe aus dem irdischen Bereich. Und selbst die liebevollste Mutter hat ein riesiges, gewaltiges Ego. Jemandem gegenüber zu stehen, der kein Ego hat, ist etwas Unerträgliches, wenn du selbst noch eins hast. Alles, was du glaubst zu sein, was du willst und forderst und hoffst und wünschst - prallt an diesem Menschen ab. Nicht, weil Er bösartig wäre, sondern weil es unwichtig ist und Er das weiss und du noch nicht.

Der Umgang mit einem solchen erwachten Menschen ist für unsereins zunächst kompliziert, weil die erlernten Egostrategien bei Ihm nicht funktionieren, weil die Reaktionen eines solchen Menschen anders sind als die aller gewöhnlichen Menschen, die wir bisher kannten. Ego versucht dies und jenes, und nichts erzeugt die gewünschte Reaktion im Gegenüber. Das kann sehr, sehr frustrierend sein, wirklich sehr.

Der LEHRER wertet nicht, Er antwortet dir nur. Eben wie die LIEBE selbst – Er sagt dir: Dein „Wunsch" ist mir Befehl, meine Geliebte/mein Geliebter, denn ich diene mir selbst, indem ich dir diene. Und so spiegelt Er dir deine nutzlosen eigenmotivierten kleinen Wünsche und Begierden, deine Ängste und all deine Irrtümer. Du wirst – zu Beginn – mehr wütend auf Ihn sein als alles andere. Er zerstört dein ganzes gewohntes Leben und alle deine Ausflüchte und Bequemlichkeiten, und zunächst sieht es so aus, weil du durch die Augen des Egos guckst, als wolle Er dich ärgern und quälen. Doch sobald du beginnst, durch Seine Augen zu sehen, erkennst du die Hilfe darin, und der Ärger wandelt sich in Dankbarkeit. Gleichzeitig überwältigt einen die unmenschliche Güte und Grosszügigkeit dieses Menschen, der nie straft, der niemals sagt: *Selber Schuld, nun sieh zu.* Ein solcher Mensch, der

LEHRER, zeigt dir 1:1, wie GOTT dich sieht und wie GOTT dich liebt. Das kann kein Erdenmensch darstellen, unmöglich. Wer hier unten ist, hat noch Arbeit zu tun, ausnahmslos, sonst wäre er oder sie nicht mehr hier unten. Das ist meine Meinung nach allem, was ich mit meinem LEHRER erlebt habe und noch erlebe. Jeder kann glauben, was er oder sie will – *und um eine gleichlautende Erfahrung bitten.* Doch sei vorsichtig, was du dir von GOTT wünscht, es könnte in Erfüllung gehen. Und dein bisheriges Ich wird dabei draufgehen.

Wenn ich meine Interaktion mit diesem erwachten Menschen neben das irdische karmische Gezerre stelle, was die sog. „Dualpaare" hier unten absolvieren, da sehe ich keinerlei Zusammenhang. Ich habe selbst mit irdischen Spiegeln gezerrt, und gelitten, und all diesen Zirkus durchgemacht, damit ich erfahre, wie anders ES ist. Es ist unbeschreibbar höher, edler, feiner, heilig, es ist - hier müsste ein neues Wort erfunden werden, denn auf Erden gibt es keins dafür (warum nicht...?) – es ist *glücklicher* als alles, was auf Erden sonst erlebbar ist. Der Preis dafür ist der höchste, den du je zahlen könntest. Und doch... lässt du es zu.

Gleichfalls kann ich fragen, was ist das für ein Mann, der lebenslang zugesehen hat, wie ich halbschlafend durch das Leben stolperte und andere Ihm vorzog, unwissend zwar, doch Er war immer anwesend, von mir lediglich unbemerkt. Was ist das für ein Mann, der so etwas geduldig aushält? In vollstem Vertrauen darauf, dass ich es am Ende begreifen werde, zu wem ich gehöre? Ich stehe staunend vor Ihm, dem ich so unendlich wichtig bin, und der mir gleichfalls so unendlich wichtig ist. Was ist diese ganze LIEBES-Geschichte doch für ein einzigartiges Wunder.

Seit ich zu begreifen beginne, dass ich nichts bewirken kann und innerlich sich nach und nach deswegen alles entspannt, kriecht diese grenzenlos staunende Dankbarkeit immer öfter in mir hoch. Sie ist nichts, was der Verstand herbeizwingen kann, ebenso wenig, wie der Verstand LIEBE herbeizwingen könnte oder VERTRAUEN. Diese Qualitäten, menschliche göttliche Fähigkeiten, reifen ganz von selbst heran, indem wir üben, uns GOTT zuzuwenden. Still hinsetzen. Das ist alles. Und aufgeschlossen bleiben für SEINE nicht enden wollenden Liebeserklärungen.

Keinen Zugriff zu haben, nichts steuern zu können, ist für ein grosses Ego undenkbar und erschreckend. Mit der Zeit schrumpft Ego, und du empfindest es als Segen, weil du begriffen hast, dass du niemals genug Überblick haben wirst, um spirituelle Abläufe lenken zu können. Esoterikseminare erzählen dir etwas anderes, weil sie Geld wollen und die zahlungswilligen Egos daher bei Laune halten müssen.

Du wirst also auf dem wirklichen WEG lernen, dass es um spirituelle Reifung geht und dass dieserlei Entwicklungen ihre Zeit brauchen. Ego denkt in Wochen („wir sind *schon* vier Wochen zusammen!"), GOTT in Jahrzehnten, wenn nicht gar inkarnationsübergreifend. Diese Beziehung ist ewig. Ego hat keine Vorstellung von „ewig" und auch kein Interesse daran. „Das dauert ja eeewig!" heisst oft genug sein Lamento, wenn es kalt ist und der Bus Verspätung hat.

Ausblick

Du kannst nicht wissen, ob der LEHRER in diesem Leben erscheint. Er erscheint erst, wenn du bereit bist – für die höchste LIEBE bereit bist, und wann das ist, das wird von höherer Warte aus entschieden, es ist unverfügbar. Alles, was mit GOTT zu tun hat, ist für den Menschen *unverfügbar.*

Insofern habe ich mir diesen WEG in diesem Leben nicht bewusst ausgesucht, ES geschah einfach. Und da ich nicht weiss, wo ich vor 1970 war, weiss ich nicht, was genau es für dieses Leben möglich gemacht hat. Ich wüsste es gerne und würde es euch gerne erzählen. So jedoch gibt es nur Indizien und jeder muss es für sich selbst erleben. Diese Sachverhalte können nicht angelesen werden, sie können nur selbst erfahren werden, und genau deshalb wird es niemals ein Seminar dafür geben. Seminare gibt es nur für weltliche, temporäre Dinge. Für GÖTTLICHES gibt es keine Seminare und keine Methoden.

Die Beziehung mit GOTT ist wechselseitig, du fragst, ER antwortet. Wer nicht fragt, bleibt dumm – und muss reinkarnieren. Religionen z.B. verbitten sich freies Fragen aus eben dem Grund, dass niemand ihnen entkommen darf. Doch GOTT antwortet IMMER und begrüsst dein Fragen, ER treibt dich geradezu dazu an, weiter und weiter zu fragen, zu hinterfragen und nichts einfach so für bare Münze zu nehmen. Du wirst auf dem Göttlichen WEG niemals an den Erscheinungen (*„appearances"*, Ruby Nelson) steckenbleiben. Es wird dir keine Ruhe lassen, bist du deine Antworten weisst. Und diese sind, der Esoterik zum Trotz, für jeden Menschen *dieselben*. GOTT hat eine unmissverständliche Art und Weise, sich bemerkbar zu machen, und zwar durch diverse Impulse, die nicht fühlbar sind, sondern nur *wahrnehmbar*. Daher kann ich nur jedem den Tipp geben, die eigene Beziehung zu IHM zu festigen, zu pflegen, jeden Tag bei IHM zu sitzen und sich bereit zu machen, SEINE Sprache zu lernen.

Im Zusammensein mit einem spirituellen LEHRER gibt es einige Übungen zu absolvieren, die zunächst sinnlos erscheinen. *Dem Egoverstand* erscheinen sie sinnlos. Eine solche Übung, die ein jeder ohne Lehrer und auch ohne LEHRER leicht durchführen kann ist, an jedem Morgen innerlich zu IHM zu gehen und sich vor Ihn hinzusetzen, egal in welcher innerlichen Verfassung.

Es gibt Tage, da brauche ich ganz dringend Rat, Antwort, Hilfe, dann sitze ich wie ein bittelndes Kleinkind vor Ihm und Er schweigt. Manchmal jedoch haut Er auch eine Antwort oder Hilfestellung raus, noch bevor ich meine Probleme in Worte fassen konnte. Besonders schwierig wird es, wenn ich innerlich leer bin und der Verstand keinerlei Grund findet, sich dort schon wieder hinzusetzen. Wann immer ich es dennoch tue, was manchmal fast unmenschliche Überwindung kostet, geschehen Wunder.

Das stille Hinsetzen kannst du jederzeit in deinem eigenen Alltag beginnen. Es geht dabei nicht darum, die Gedanken zu stoppen, auch nicht darum, irgendein Wort oder einen Satz dauernd zu wiederholen, sondern einzig um dies: zu FÜHLEN. Fühlend wahrzunehmen, dass du IN GOTT befindlich dort sitzt. Das ist alles.

Ich kann dir gleichfalls nicht sagen, ob du einen Lehrer oder sogar einen LEHRER hast. Wenn du einen hast, stellst du dir diese Frage gar nicht, denn du wirst es wissen und wirst Ihn sehen. Er zeigt sich dir, wie und wo und wann auch immer. Die LIEBE zum LEHRER ist die LIEBE zu GOTT. Der LEHRER hat die einzige Funktion: dich nach

HAUSE zu bringen, und es geht NICHT um eine Bettgeschichte. Es geht auch nicht darum, herumzurennen und Leute zu heilen. Wer einen LEHRER hat, dem wird begreiflich gemacht, was HEILUNG wirklich ist.[19] Das wahrnehmbare Erscheinen deines LEHRERS ist der Startpunkt für die Beendigung all deiner Illusionen, Lebenslügen, übernommenen Rollen und Fremdbestimmungen. Das Ende der Illusionen ist auf lange Sicht erleichternd, aber zunächst ist es sehr schmerzhaft. So allein wirst du FREI.

Und was kommt danach?
Wir verpuffen nicht nach dem sog. Erden"tod" ins Nirwana, denn wer das Self Consciousness auf diese Weise verlässt, hat bekanntlich noch innere Arbeit vor sich. Wer nicht mehr „sterben" muss ... verliert dennoch nicht seine menschliche Gestalt, er lebt danach auf einem höheren Level ebenfalls als Mensch weiter. Ich glaube, es sind viele Schritte bis zur letztgültigen Ent-Körperung, denn der Sprung von einem fleischfressenden Erdenmenschen zu einer hochheiligen Energiewolke ist denn doch sehr gross und

---

[19] Vgl. das Buch aus dieser Reihe: *Über Manifestation, Heilen und HEILUNG*

unlogisch. Denn es gibt sie ja, die anderen Menschen von weitaus höherem Bewusstsein. Diese LEHRER stammen selbst aus dem Cosmic Consciousness, und befinden sich dort auf einer sehr hohen Stufe. Das ist die erlebte Erfahrung all derjenigen Menschen, die das initiale Schwellenerlebnis hatten und dabei die Grenze überschritten haben hin zu der neuen Dimension, und die dazu von einem LEHRER begleitet werden. Sie alle hatten ihren „Engel", der ihnen half, spirituell voranzuschreiten. Wer sich für diese spirituellen Duos interessiert, der sei noch einmal an das gründlich recherchierte Buch von Richard Maurice Bucke über Cosmic Consciousness[20] verwiesen.

Wir sollen die bedingungslose LIEBE = GOTT in uns erkennen und ausleben, und wir sollen lernen, Vertrauen zu haben. Wir sollen uns an das Göttliche in uns erinnern, den inneren CHRISTUS. Unsere Liebe zu unserem spirituellen LEHRER, dem ERINNERER, soll uns daran er-innern, dass Gott uns genau so sehr und noch weit darüber hinaus liebt, wie wir diesen einen Menschen lieben - und zwar jeden einzelnen von uns. Und

---

[20] Cosmic Consciousness, A Study in the Evolution of the Human Mind, von Richard Maurice Bucke

wenn wir dies erkannt haben, sollen wir unser Licht in die Welt tragen. Das ist kein merkwürdiges Glaubenssystem, sondern eine Erfahrung von Gottes unendlicher Liebe zu den Menschen.

Es geht nicht darum, diese Welt „zu verbessern". Es geht darum, sie bei lebendigem Leibe zu verlassen, um in einem Höheren BEWUSSTSEIN den WEG weiter zu gehen.

Was macht einen guten Lehrer aus?

Lehrer werden kann nur der, der selbst einmal ein Schüler war, und zwar auf dem Gebiet, das er anderen nahe bringen möchte. Er muss das Thema selbst in Vollendung gemeistert haben, um anderen authentisch vermitteln zu können, wovon er spricht. Dabei spielt es keine Rolle, um welches Fachgebiet es sich im Einzelnen handelt. Immer ist nämlich das gesamte Leben des Lehrers davon betroffen, denn Meisterschaft betrifft immer den gesamten Menschen und alle seine Lebensbereiche.

Lehrer werden kann jeder, doch Lehrer sein kann nur der, der sein eigener Meister ist. Wer sein Leben nicht geordnet hat, das bedeutet nach dem Höchsten hin ausgerichtet, der lebt im Chaos und kann nur Chaos am anderen Menschen anrichten. Immer gibt er von sich selbst, und was hat einer zu geben, der sich selbst nicht kennt?

Was bedeutet es denn, etwas zu bemeistern? Der Mensch muss sich so lange und gründlich an dem Thema gerieben haben, bis seine vielen Egoschichten sich abgeschliffen haben und er dem Thema rein und klar gegenüberstehen kann. Das heisst: Er muss sein Leben rein und klar leben. Dann erst ist er unverwundbar vor den Schülern, die ihn täglich verwunden werden. Das Thema ist sein Leben, das Leben sein Thema. Oder es wird niemals so sehr das Seine sein, dass er es erfolgreich weitergeben kann. Sein inneres Feuer muss überspringen und wie ein Funken im Schüler einen Flächenbrand entzünden.

Schüler sind noch keine Meister, sie spiegeln sich in ihrer Unvollkommenheit im Lehrer und müssen sich beständig an diesem messen, das ist die Natur der Schülerschaft. Wenn einer Lehrer wird, der sich selbst nicht bemeistert hat, so wird er sich verwunden lassen und wird gekränkt und daher krank werden. Er wird seine Egoansprüche auf die Schüler übertragen und ihnen kein reiner Spiegel sein. Wem dient er? Niemandem.

Ein Lehrer muss weder nett sein noch nachgiebig, damit ein Schüler ihn liebt. Er muss sich in sich selbst auskennen und dem Schüler gegenüber wahrhaftig auftreten, egal welcher Art er selbst ist und egal, was er verkörpert. Nur muss er authentisch sein in der Art, wie er auftritt, er muss sich selbst ausfüllen und nicht dem Schüler eine Maske hinhalten, die dieser sowieso durchschauen wird. Schüler wittern jede Schwäche und jede Lüge und werden den Lehrer, der nicht er selbst ist, nicht ernst nehmen, sie werden ihn auseinandernehmen.

In Indien gibt es Lehrer, die nennt man Gurus. Diese unterweisen und begleiten Schüler in spirituellen Belangen. Ein Guru muss zwei elementare Eigenschaften aufweisen: Demut und

Hingabe. Demut vor dem Leben und somit vor allem, was er nicht weiss und was er nicht kontrollieren kann. Und zweitens vollständige Hingabe an das Höchste und daraufhin an seinen Schüler, der sein Daseinszweck ist: Ohne Schüler braucht niemand einen Lehrer. Wer dies vergisst und sich über die Schüler stellt, ist kein Lehrer, sondern ein Diktator, ein selbstbezogenes Ego, das nur Schaden anrichten kann.

Schüler sind Seelen: Diese müssen geehrt werden. Ein gross-artiger Lehrer ist der, der sich selbst für Gott hält. Ein wahrhaft grosser Lehrer jedoch ist der, der sich entkleidet und allen anderen die Füsse wäscht. Der grösste LEHRER von allen hat dies gezeigt, damit wir es nie mehr vergessen. Ein Segen für die Menschen ist der, der es IHM gleich tut.

2018 KL

Schreib an: cosmicsense@online.de